Monika u. H.-Günter Heumann

Theater – alles Theater
im Theater, im Film, im Fernsehen

Amüsantes & Süffisantes
für ein geneigtes Publikum

Richard Birnbach Musikverlag

Theater – alles Theater
im Theater, im Film, im Fernsehen
Amüsantes & Süffisantes für ein geneigtes Publikum
zusammengetragen von
Monika u. Hans-Günter Heumann
1. Auflage
© 2000 by Richard Birnbach Musikverlag, Lochham
ISBN 3-920103-08-4
Umschlag- u. Innengrafik: Monika Heumann
Herstellung: Kirmair Offsetdruck GmbH, München

In diesem Büchlein erhält der Leser auf amüsante und süffisante Weise Einblicke in die Welt des Theaters, Films und Fernsehens. Auch kommen Sentenzen und Lebensweisheiten berühmter Persönlichkeiten nicht zu kurz, allerdings muss jeder Schauspieler natürlich seine eigenen Erfahrungen machen.

Summa summarum steht alles unter dem Motto, das von dem Genius Heinz Erhardt stammt, der einmal treffend bemerkte:

Es gibt kaum etwas,
womit man soviel Theater hat,
wie mit dem Theater.

In diesem Sinne: Vorhang auf, Film ab, das Zappen kann beginnen.

Filmemacher sollten bedenken, dass man ihnen am Tag des Jüngsten Gerichts alle ihre Filme wieder vorspielen wird.

Charlie Chaplin

*

Der Regisseur Max Reinhardt lud zu einem Empfang in sein Salzburger Schloss Leopoldskron. Reinhardt empfing die Gäste auf der großen geschwungenen Freitreppe, flankiert von livrierten Dienern, die Fackeln trugen. Die Räume des Schlosses erstrahlten im Glanz von Hunderten von Kerzen. Sein Freund, der Theaterkritiker Liebstöckl, fuhr vor, stieg aus und stutzte. „Was ist Max, Kurzschluss?"

*

Marionetten machen jedes Theater mit.

Wolfgang Eschker

*

„Ihrem Engagement steht nichts im Wege", nickt der Intendant des städtischen Theaters seiner Neuentdeckung zu, „Sie müssen nur noch beim Amtsarzt vorsprechen."
Meint der Schauspieler souverän:
„Soll's aus dem Faust sein?"

Sean Connery? Alle Frauen lieben ihn. Ich liebe ihn. Er liebt Golf.

Kim Basinger

*

Leo Slezak debütierte an der New Yorker Metropolitan Opera als Tamino in Mozarts „Zauberflöte". Zu diesem Anlass nahm er seinen Sprössling Walter mit, der gebannt die Vorstellung verfolgte. Als dann Papa bei seinem Auftritt auf die Bühne gelaufen kam und sang: „Zu Hilfe, zu Hilfe, sonst bin ich verloren, der listigen Schlange zum Opfer erkoren", sprang der Sohn auf und schrie in völliger Panik: „Pass auf, Papa – die Schlange!"

*

Fernsehen ist die aktive Form des Faulenzens.

Henning Venske

*

Der Theaterdirektor tobt:
„Das halte ich nicht mehr aus, das ist ja das reinste Irrenhaus!"
Daraufhin die Schauspieler ganz gelassen:
„Ja, nur mit dem Unterschied, dass in einem Irrenhaus der Direktor völlig normal ist."

Beim Film ist es wie im Leben:
Man beginnt als jugendlicher Liebhaber,
dann wird man Charakterdarsteller
und endet als komischer Alter.

Jean Gabin

*

Mindestens ebenso wichtig am Theater
wie die Platzanweiser – ich meine hier
nicht die Regisseure – sind zweifelsohne
die Kritiker!
Im stillen Kämmerlein tippen sie ihre
Rezensionen in die Schreibmaschine, und
es kommt nicht selten vor, dass sie – ähnlich wie wir beim Lotto – danebentippen...

Heinz Erhardt

*

„Ich gehe grundsätzlich in jede Filmpremiere, um mitreden zu können."
„Ach, stört das nicht die anderen
Besucher?"

*

Mög'n täten wir schon wollen,
aber dürf'n haben wir uns
nicht getraut.

Karl Valentin

Kursawes sind im Theater. Sie flüstert ihm zu: „Gleich kommt der große Monolog!" Antwortet er: „Na hoffentlich setzt er sich nicht vor uns!"

*

Adele Sandrock musste einmal sechs Stunden in einem Filmatelier auf ihre Szene warten. Als sie allmählich die Geduld verlor, ging sie zum Regisseur und sagte mit ihrer dröhnenden Stimme: „Junger Mann, ich soll in Ihrem Film die Rolle einer Großmutter spielen. Wenn ich noch lange warten muss, werde ich zu alt dafür sein!"

*

Wenn alle Leute nur von dem redeten, von dem sie etwas verstehen, gäbe es keine Fernsehdiskussionen.

Werner Höfer

*

In Hollywood gibt es keinen Taxifahrer, der nicht am Abend Drehbücher schreibt.

Wim Wenders

Manche Filme verkürzen unser Leben um anderthalb Stunden.

Michael M. Genin

*

Vor dem Theater.
„Es war nicht richtig, den neuen Anzug anzuziehen", sagt der Ehemann ganz außer sich. „Wieso denn?", fragt die Frau, „du siehst doch glänzend darin aus!" „Mag ja sein, aber die Karten sind im alten."

*

Generäle sollte man an die Front schicken und Theaterregisseure ins Parkett.

Markus M. Ronner

*

Sie wissen doch, wie man einen Schauspieler zum Bellen bringt? Sie brauchen nur zu sagen: „Da vorne läuft ein Produzent." Dann bellt der Schauspieler: „Wo wo wo?"

*

„Ist Ihr neues Drehbuch in jeder Hinsicht sauber?" „Absolut. Alle Szenen spielen im Badezimmer."

Es gibt natürlich Filme, in denen man nicht gerne spielt. Aber dann nimmt man als Schauspieler auch keine Gagen, sondern Schmerzensgelder.

Paul Hörbiger

*

Sinatra und Brahms (am liebsten der 3. Satz des Violinkonzertes) sind das Ticket, das ich für meine Seelenwanderung löse, und wo immer es mich hinbrachte, es hat meine Gefühle noch nie enttäuscht.

Harald Juhnke

*

„Ich gehe zum Fernsehen", verkündet die Made ihrem Liebsten, „ich hab' gehört, dass die unglaublich viele alte Schinken aufgekauft haben."

*

Die Studiobosse wären jetzt bereit, das Telefonbuch mit mir zu verfilmen.

Patrick Swayze

Ehepaar im Kino.
„Ob sie am Schluss wohl heiraten werden?" fragt der Mann leise seine Frau. Nachdem sie ein paar Sekunden nachgedacht hat, flüstert sie zurück: „Ganz bestimmt. Solche Filme gehen nie gut aus."

*

Wenn das Licht im Kino ausgeht, beginnt der Traum, regiert das Unterbewusstsein. Ich sage mir, dass jemand, der ins Kino geht, in etwa weiss, was ihn erwartet, dass ich ihm also mehr Anstrengung zumuten kann und ich kann auch erwarten, dass er mehr Spaß an der Anstrengung hat. Gegenüber dem Publikum sollte man nie gefällig sein, sondern immer herausfordernd.

Rainer Werner Fassbinder

*

Ich spiele sehr gerne Rollen, in denen ich Dinge tun kann, die ich normalerweise nie tun würde.

Leonardo Di Caprio

Bevor ich mich an einen Film heranmache, ist mir, als hätte ich ihn schon gesehen; deshalb mache ich ihn manchmal gar nicht.

Alfred Hitchcock

*

In der Schauspielschule sollten die Schüler ein Huhn kurz vor einer Atomexplosion spielen. Alle rannten aufgeregt über die Bühne, scharrten wie wild mit den Füßen und flatterten angstvoll mit den Armen. Nur Marlon Brando blieb regungslos und gackerte vor sich hin.
Der Lehrer schrie fassungslos: „Soll ich dir etwa Beine machen!"
Brando gab völlig gelassen seine Antwort: „Ich habe Ihnen gehorcht und das gespielt, was Sie von mir verlangten, ein Huhn zu sein, das seine Angst vor der Atomexplosion zeigt. Und Sie wissen wie ich, dass ein Huhn sich vor einer Atomexplosion genausowenig fürchtet wie vor dem nächsten Regen."

*

Tanz ist ein Telegramm an die Erde mit der Bitte um Aufhebung der Schwerkraft.

Fred Astaire

Wir haben den Krieg gewonnen, und überall herrscht Frieden, außer in Hollywood. Hier hören die Streitigkeiten um gute Drehbücher, die Plazierung des Namens, die guten Garderobenräume nie auf.

Clark Gable

*

Das Theater war schon immer demoralisch. Der Ranghöchste ist der Galeriebesucher.

Werner Schneyder

*

Beschwert sich Frau Schieber an der Theaterkasse: „Ich weiss natürlich, dass es sich hier um ein Drama handelt. Aber ich ahnte nicht, dass es schon bei den Eintrittspreisen anfängt!"

*

Es ist sehr schwer, aus einem schlechten Drehbuch einen guten Film zu machen. Umgekehrt ist das schon leichter.

Billy Wilder

Großer Theaterabend.
Auf dem Programm steht die berühmte „Kameliendame". Die Heldin des Stückes ist bekanntlich schwindsüchtig und hustet ständig. Nach einiger Zeit wendet sich der Ehemann an seine Frau und sagt verärgert: „Wir haben aber auch immer Pech. Ausgerechnet wenn wir mal ins Theater gehen, muss die Hauptdarstellerin erkältet sein!"

*

Television – das Wort ist halb griechischen, halb lateinischen Ursprungs. Dabei kann nichts Gutes rauskommen.

C. P. Scott

*

Die Streisand ärgerte sich während der Dreharbeiten über die Unhöflichkeit eines Beleuchters und raunzte: „Heutzutage gilt ein Mann schon als Gentleman, wenn er die Zigarette aus dem Mund nimmt, bevor er eine Frau küsst."

*

Eine Diskussion mit einem Regisseur beginnen Schauspieler immer dann, wenn sie den Text nicht kennen.

Otto Schenk

Beim Theater ist jede Rolle wichtig. Ich werde nicht dadurch zum König, dass ich mich königlich gebärde, sondern dadurch, dass der Diener sich vor mir verneigt.

Will Quadflieg

*

Chaplin ist der moderne Guignol. Er wendet sich an die Menschen jeglichen Alters und jeglicher Nationalität. Das Esperanto des Lachens. Ein jeder findet hier seinen Spass nach seinem Geschmack. Mit Chaplins Hilfe wäre es zweifellos gelungen, den Turmbau zu Babel zu einem glücklichen Ende zu führen.

Jean Cocteau

*

Ilse Werner erzählte gleich nach Zarah Leanders Tod in einer Gedächtnissendung, dass Zarah zu Ufa-Zeiten eines Tages festgestellt hatte: „Du Ilse, bist die Prinzessin des deutschen Films, ich bin die Königin."

*

„Eine Karte für „Lohengrin" zum halben Preis."
„Warum ermäßigt?"
„Ich bin auf einem Ohr taub!"

Immer und ewig hockt ihr Mann vor dem Fernseher. Sagt sie: „Du, ich bekomme ein Kind." Ohne den Blick vom Bildschirm zu wenden, antwortet er: „Gut, wenn er da ist, soll er gleich ein paar Flaschen Bier holen."

*

Auf die Theaterkritiker ist Verlass. Was überwiegend verrissen wird, verspricht einen amüsanten Abend.

Oliver Hassencamp

*

Nachdem die Filmszene zum zwanzigsten Male nicht klappte, flehte der Regisseur die hübsche Schauspielerin an: „Mehr Gefühl, mehr Gefühl, ich will doch nur Ihr Bestes." Faucht sie: „Das kriegen Sie aber nicht!"

*

Brüllt ein Mann, ist er dynamisch.
Brüllt eine Frau, ist sie hysterisch.

Hildegard Knef

In Hollywood werden Filme gemacht,
deren Herstellungszeit länger dauert,
als manche Schauspielerehe.

Barbra Streisand

*

Hans Albers war immer ein Freund von
derben Sprüchen und deftigen Witzen.
Heinz Rühmann erinnerte sich an eine
Begebenheit in Monte Carlo. Wenn Albers
morgens ins Studio kam, stellte er nach
seinem kräftigen „Guten Morgen" die
Kasperlfrage: „Seid ihr alle da?"
Darauf die ganze Mannschaft im Chor:
„Jaaa!" „Darum stinkt's auch so."
Übrigens die Abendvariante lautete:
„So, jetzt wird einer reingelegt!"
Prompt fragt einer: „Wer denn?"
Und triumphierend verkündete der blonde
Hans nun: „Der Arsch ins Bett!"

*

„Elfriede befindet sich zur Zeit mal wieder
im Stimmwechsel."
„Wieso denn, das ist doch gar nicht möglich." „Doch! Sie hat den Tenor laufen
lassen und geht nun mit einem Bariton."

Herbert von Karajan war eben im Begriff seinen Berliner Philharmonikern einen Pianissimo-Einsatz zu geben, als ein lautes Husten aus dem Publikum kam. Karajan senkte die Arme. Als er sie erneut zum Einsatz hob, ertönte erneutes Husten im Publikum. Daraufhin richtete sich eine Stimme aus dem Publikum an den Dirigenten: „Nur Mut!"

*

Fernsehredakteure haben eine einmalige Begabung: Sie können Spreu vom Weizen trennen. Und die Spreu senden sie dann.

Dieter Hallervorden

*

Botschaften soll man per Telex verschicken, aber nicht in einen Film verpacken.

Jerry Lewis

*

„Warum reichen sich denn die Schauspieler ständig den Telefonhörer zu?", fragt eine Theaterbesucherin ihre Nachbarin. „Gehört das zum Stück?" „Nein, ich habe gehört, dass die Souffleuse krank ist und vom Bett aus souffliert."

Meine Meinung ist nicht sehr weit von der meiner schärfsten Kritiker entfernt.

Woody Allen

*

Das Beste an der Schauspielerei ist, dass ich ganz in einer Figur aufgehen kann und dafür auch noch Geld bekomme. Es ist ein großartiges Ventil.
Ich weiss nicht, wer ich wirklich bin – ich scheine mich von einem Tag auf den anderen zu verändern.

Leonardo Di Caprio

*

Hermann, schon etwas älter, will mit seiner frisch Vermählten ins Opernhaus.
Als sie bereits im Taxi fahren, schaut er sie an und muss wieder mal feststellen, dass sie hinreißend aussieht. „Dreh'n Sie bitte schnell um und fahren Sie uns nach Hause zurück", sagt er zum Taxifahrer. „Aber Liebling, du hast dich doch so sehr auf die Galavorstellung gefreut", bemerkt sie erstaunt.
Doch Hermann weiss, was er will: „Ach, lass mal", antwortet er, „die Oper steht auch morgen noch!"

Sonja Ziemann, die immer unter ihrem „Schwarzwaldmädel"-Image litt, gab eines Tages von sich: „Lieber Schwarzwaldmädel als Rosenresli", und spielte damit auf Christine Kaufmann an, die als Kinderstar diese Rolle verkörperte.

*

Das Fernsehen sorgt dafür, dass man in seinem Wohnzimmer von Leuten unterhalten wird, die man nie zu sich einladen würde.

Shirley Mac Laine

*

Der Operettenkomponist Paul Lincke las in einer Zeitung eine Nachricht über seinen allzu frühen Tod. Er rief seinen Verleger an und fragte:
„Haste das gelesen?"
„Natürlich", antwortete dieser,
„und von wo telefonierste?"

Karl Böhm zu einem Hornisten, der mehrmals falsch spielte: „Was machen Sie eigentlich hauptberuflich?"

*

Als die Dreharbeiten zum Film „River of no return" beendet waren, sagte der Regisseur Otto Preminger über Marilyn Monroe: „Mit Marilyn zu drehen, ist wie mit Lassie zu arbeiten. Man muss jede Einstellung zehnmal wiederholen, bis sie an der richtigen Stelle bellt."

*

Nicht die Pille, das Fernsehen ist die wirksamste Methode zur Geburtenbeschränkung.

Robert Lembke

*

Sagt ein Filmsternchen zu seinem Freund: „Wir müssen unsere Hochzeit verschieben, Liebling. Ich heirate erst mal den Regisseur."

„Ich war gestern im Theater",
sagt Frau Krause ihrer Nachbarin.
„Was gab es denn?"
„Wilhelm Tell."
„Ach, dann haben Sie also Schiller
kennengelernt?"
„Aber ich bitte Sie, Frau Krause, ich war
mit meinem Mann dort!"

*

Das Fernsehen macht den Star,
nicht umgekehrt.

Silvio Berlusconi

*

Wilhelm Furtwängler erwog einmal nach
Basel zu ziehen. Der Erzherzog von Österreich, der schon einige Jahre dort lebte,
schwärmte ihm vor: „Die Leute hier sind
so nett zu mir; sie nennen mich vertraulich
'Erzi'."
„Also", meinte Furtwängler, „da werde ich
doch lieber nicht nach Basel ziehen."

*

Schauspielen ist no big deal.
Man kann es, oder man kann es nicht.

Jodie Foster

Nun gieng ich auf das theater bey der Arie des Papageno mit dem Glocken Spiel, weil ich heute so einen trieb fühlte es selbst zu spielen. Da machte ich nun den Spass, wie Schikaneder einmal eine haltung hat, so machte ich eine Arpegio – der erschrak – schauete in die Scene und sah mich – als es das 2te mal kam – machte ich es nicht – nun hielt er und wollte gar nicht mehr weiter – ich errieht seinen Gedanken und machte wieder einen Accord – dann schlug er auf das Glöckenspiel und sagte: halts Maul – alles lachte dann – ich glaube daß viele durch diesen Spass das erstemal erfuhren daß er das Instrument nicht selbst schlägt.

W. A. Mozart an seine Frau, 1791

*

Beim Theater gibt es so etwas wie die ideale Fehlbesetzung, die übrigens relativ oft vorkommt.

Peter Ustinov

*

Herr und Frau Meier sind im Theater. „Ist das Stück eigentlich eine Komödie oder ein Trauerspiel?" „Blamier uns bloss nicht wieder! Hier im Programmheft steht, dass es ein Gastspiel ist!"

Ein Musical ist ein Sprechstück für Leute, die nicht singen können, und ein Gesangsstück für Leute, die nicht sprechen können.

Charles Aznavour

✽

Der Komponist Ernst Křenek floh vor den Nazis nach New York, wo er in Boston in einem Theater sein eigenes Klavierkonzert spielte, ein atonales, aggressives Stück.
Eine alte Dame im Publikum wandte sich nach einiger Zeit an ihren Mann und sagte: „Das müssen ja ganz schreckliche Zustände in Europa sein."

✽

Die Hoffmanns gehen mit dem kleinen Hagen in die Oper.
Sagt der Platzanweiser: „Wenn das Kind anfängt zu schreien, müssen Sie gehen, bekommen aber das Geld zurück."
Mitten im 1. Akt sagt der Mann zu seiner Frau: „Nun, wie findest du's?"
„Langweilig"
„Ich auch. Komm, zwick das Kind!"

Ich war eines Tages etwas verblüfft, als mich ein kleiner Junge fragte: „Zeichnen Sie die Mickey Mouse?" Ich musste zugeben, dass ich nicht mehr zeichnete. „Dann denken Sie sich all die Witze und Ideen aus?" „Nein", sagte ich, „das mache ich nicht." Schließlich sah er mich an und sagte: „Mr. Disney, was machen Sie eigentlich?" „Nun", sagte ich, „manchmal komme ich mir vor wie eine kleine Biene. Ich gehe von einer Abteilung des Studios zur andern und sammle Blütenstaub und stimuliere gewissermaßen jedermann."

Walt Disney

*

„Mami, hier in der Zeitung steht, dass das Theater Statisten sucht. Was sind denn das eigentlich?"
„Statisten sind Leute, die nur herumstehen und nichts zu sagen haben."
„Das wäre doch etwas für Papi!"

*

Ich bin beileibe nicht der einzige Schauspieler, der nicht groß, schlank und schön ist. Aber das ist der Trend. Wir sind heute alle ganz schön unansehnlich.

Dustin Hoffmann

Eigentlich wollte ich Pianist werden, in den Schauspielkurs bin ich nur gegangen, weil dort die hübschen Mädchen waren.

Dustin Hoffmann

*

Theaterintendant: „Ist der Schauspieler, den sie mir empfehlen, auch wirklich gut?"
„Und ob. Er spielt alles: Hamlet, Faust, König Lear, Richard III. und Skat. Skat am besten."

*

Ein Skelett trifft in einer Geisterstunde ein anderes Skelett, ohne Schädel.
„Nanu, wie siehst du denn aus, Unfall?"
„Nein, Leihgabe. Schauspielhaus. Hamlet."

*

Eine berühmte Filmschauspielerin rief ihren Gatten, den noch berühmteren Filmstar. „Liebling, komm schnell, meine und deine Kinder verprügeln unsere Kinder!"

Ich kam aus dem Krankenhaus, sah „Titanic" und musste weinen. Da war mir klar, dass mein IQ gelitten hat.
Stephen King

*

Ein Sachse zum anderen:
Was ist der Unterschied zwischen Odello (Othello) und einem Deekessel?
Im Deekessel siedet der Dee, im Odello dedet (tötet) er sie.

*

Theater ist masochistischer Exhibitionismus.

Laurence Oliver

*

Der Zuschauer im Theater will träumen. Freilich einen Traum, in dem man nicht schlafen soll.

Jean-Louis Barrault

Oscar-Preisträgerin Joan Fontaine über Oscar-Rivalin Olivia de Havilland: „Ich habe als Erste geheiratet, den Oscar früher bekommen als Olivia, und wenn ich nun als Erste sterbe, wird sie wahrscheinlich leichenblass im Gesicht, weil ich sie dann schon wieder geschlagen habe."

*

In dem Film „Das Haus in Montevideo" flimmert Hanne Wieder als femme fatale und im „Spukschloss im Spessart" als Gespenst auch heute noch über die Leinwand. Als sie eines Tages auf das Baby einer Kollegin aufpassen sollte, stöhnte sie nur: „Lieber auf einen Wurf junger Hunde ein Auge haben als auf ein Baby."

*

Die Menschen würden noch viel schlechter schlafen, wenn es das Theater nicht gäbe.

Mark Twain

Die meisten Kranken gehen zum Arzt,
nur die Erkälteten gehen ins Theater.

Günter Strack

*

Eine Nachwuchsschauspielerin gibt mal
wieder richtig an: „Ich habe gerade einen
Film mit Robert Redford gedreht!"
Daraufhin ihre Kollegin: „Du spinnst ja!"
„Nein, wirklich, das stimmt!", antwortet
sie. „Nach der Liebesszene sagte er zu mir:
„Wenn Sie eine Schauspielerin sind, bin
ich Robert Redford."

*

Kunigunde Schellenberger besuchte mal
wieder die Bayreuther Festspiele. Nachdem
sie nun schon seit einer Viertelstunde im
Zuschauerraum stehend das Geschehen
auf der Bühne beobachtete, sagte ein
Zuschauer verärgert:
„Nun setzen Sie sich doch endlich!
Haben Sie denn nichts zum Sitzen?"
„Doch", antwortete sie, „aber keinen
Sitzplatz."

Der Stand der Schauspieler galt bei den Römern als schimpflich, bei den Griechen für ehrbar. Heute denken wir über sie im Grunde immer noch wie die Römer, verkehren aber mit ihnen wie die Griechen.

La Bruyère

*

Frauen lügen nie. Sie erfinden höchstens die Wahrheit, die sie gerade brauchen.

Yves Montand

*

Auch Schlafen ist eine Form der Kritik, vor allem im Theater.

George Bernhard Shaw

*

Wer Schauspieler werden will, sollte seine Kindheit in den Tornister schnüren, mit ihr losrennen und sie unterwegs nie verlieren.

Max Reinhardt

Am zuverlässigsten unterscheiden sich die einzelnen Fernsehprogramme noch immer durch den Wetterbericht.

Woody Allen

*

Römischer Monumentalfilm.
Zwei Stuntmänner sollen die gefährliche Kampfszene zwischen Herkules und Brutus ausführen, bei der es auch darauf ankommt, als erstes durchs Ziel zu gelangen. Die Streitwagen werden von schwarzen temperamentvollen Pferden gezogen. Herkules hat währenddessen nur einen Satz zu sprechen: „Brutus, der Sieg ist mein!" Das Rennen beginnt und Herkules liegt gemäß des Drehbuchs auch vorne. Keiner wusste jedoch vorher, dass der Stuntman einen Sprachfehler hat. Der Regisseur gibt nun wie vereinbart den Einsatz für Herkules. Dieser schreit: „Brrr--rrr--rr "... und sein Pferd stoppt augenblicklich.

*

Ein Schauspieler ist ein Mann, der eher einer Frau nein sagen kann als einem Theaterintendanten.

Horst Tappert

Mein großer Kummer war meine Kleinheit: Ich wollte doch jugendlicher Held werden, und kleine Helden gibt es eben nicht. Jedenfalls nicht am Theater.

Heinz Rühmann

*

„Liebling, wir werden uns heute einen schönen Abend machen. Ich habe drei Theaterkarten besorgt", sagt der Liebhaber, als er im Haus ihrer Eltern eintrifft. „Warum drei, um Himmelswillen?", fragt sie. „Na ganz einfach", antwortet er, „für deine Mutter, deinen Vater und deinen Bruder."

*

Italien besteht aus fünfzig Millionen Schauspielern. Die schlechtesten von ihnen stehen auf der Bühne.

Orson Welles

*

Hollywood ist eine Stadt mit der Persönlichkeit eines Pappbechers.

Raymond Chandler

Eine Souffleuse ist eine Frau,
der man ungestraft alles nachsagen kann.

*

Alles, was man zu einem guten Krimi
braucht, ist ein guter Anfang und ein
Telefonbuch, damit die Namen stimmen.

Georges Simenon

*

Der Dreck der Menschen fließt in Kanälen. Aus Kanälen wiederum kommen die
Fernsehprogramme.

Werner Schneyder

*

Ein Bauer geht einmal in die Bayerische
Staatsoper. Um seinen gewohnten großen
Durst zu löschen, nimmt er mehrere
Flaschen Bier mit.
Fragt der Platzanweiser:
„Opernglas gefällig?"
Darauf der Bauer belustigt:
„Na, na, i sauff's glei aus da Flasch'n!"

Junggesellen sind für Frauen so etwas wie Feldherren, die noch keine Schlacht verloren haben.

Maurice Chevalier

*

Die neue Zahnarztserie im ZDF hat noch keinen Namen, aber ihr Arbeitstitel lautet: die Dritten im Zweiten.

Harald Schmidt

*

Unterhalten sich zwei junge Schauspielerinnen: „Was hat Demi Moore, was ich nicht habe?"
„Schönheit, Talent, Geld, Klugheit, Ruhm, Persönlichkeit, äh..."
„Siehst du, schon weisst du nicht mehr weiter!"

*

Der Moser ist gar kein Schauspieler, sondern ein Wahrspieler.

Max Reinhardt

Es gibt Theaterstücke, die so schwach sind, dass sie aus eigener Kraft nicht vom Spielplan herunter können.

Stanislaw Jerzylec

*

Den Mächtigsten in der Familie erkennt man daran, dass er bestimmt, welches Fernsehprogramm eingeschaltet wird.

Peter Sellers

*

Operngläser
auch für Operetten passend
empfiehlt Optikerei
Linsenmeier

Karl Valentin

*

Wie im Theater wohl der Mensch Augen, wenn ein beliebter Schauspieler abgetreten, auf den, der nach ihm kommt, sich lässig wenden und sein Geschwätz langweilig ihnen dünkt ... (York)

*William Shakespeare,
König Richard II.V. 2*

Wir waren ein unzertrennliches Team
– was den Produzenten regelmäßig bewog,
sprachgewandt auszurufen:
„Team is money!"

Heinz Erhardt

*

In einem Opernkonzert fragt der Posaunist
den ersten Geiger, als der gerade sein
Instrument auspacken will:
„Weißt du eigentlich, was Geigenkasten
auf spanisch heißt?"
Die prompte Antwort: „Fidel Castro!"

*

Als Giacomo Puccini den jungen Enrico
Caruso hörte, rief er staunend:
„Wer hat dich geschickt – Gott?!"

*

„Gestern haben wir uns Tannhäuser angesehen", erzählt Frau Denk ihrer Nachbarin. „Ach, ich wusste ja gar nicht, dass
Sie bauen wollen!"

Ich bin wie ein Koch. Wenn ein Film fertig ist, setze ich mich hin und schaue zu, ob die Sache den anderen schmeckt.

Roman Polanski

*

Sagt der eine Filmstar flüsternd zum anderen: „Ich begreife gar nicht, warum du diese hässliche Frau geheiratet hast. Sie hat krumme Beine, schielt, hat Pickel, einen Buckel und zieht sich an wie eine Schlampe." Darauf der andere:
„Du kannst ruhig laut sprechen, taub ist sie auch noch!"

*

Am Telefon:
„Ich möchte bitte Mr. Wallace sprechen."
Diener antwortet:
„Das ist leider zur Zeit nicht möglich, Sir, Mr. Wallace arbeitet an einem neuen Buch."
Anrufer erwidert:
„O.K. ich warte solange am Apparat."

Das Furchtbare an der Schauspielerei, wie ich sie sehe und betreibe, ist, dass man praktisch gezwungen ist, innere Räume zu erforschen, die ein Leben lang im Dunkeln gelegen haben.

Patrick Swayze

※

Biggi geht zum Vorsprechen in ein renommiertes Theater.
Fragt ihre Freundin: „Wie war's?"
„Ich habe ein falsches Wort zum Regisseur gesagt, da waren meine ganzen Chancen hin", antwortet Biggi.
„Ach, nur ein Wort, welches denn?"
„Nein!"

※

Nackttheater – das ist so, als wollte jemand den Genuss beim Trinken eines Whiskys beschreiben, indem er auf dem Röntgenschirm zeigt, wie die Flüssigkeit in den Magen rinnt.

Francoise Sagan

※

Es gibt Fernsehprogramme, bei denen man seine eingeschlafenen Füße beneidet.

Robert Lembke

In der Ehe stammen Drehbuch und Regie vom Mann. Dialoge und Ton von der Frau.

Federico Fellini

*

Das Fernsehen hat feste Regeln. Bei den Western gewinnen immer die Guten, bei den Nachrichten immer die Bösen.

Robert Lembke

*

Unterhalten sich zwei Fernsehstars. Sagt der eine: „Ist das nicht toll, dass unsere Fans uns einmal gemeinsam sehen?" „Wieso, ich denke deiner ist im Urlaub!"

*

In der Komik geht nichts über die Figur.

Charlie Chaplin

Weil der Mensch zu faul war,
abends die Augen zuzumachen,
erfand er das Fernsehen.
Manfred Hausmann

*

Während man auf der Filmleinwand
manchmal einen drei Meter großen Kopf
hat, wird man auf dem Bildschirm zum
Pygmäen.
Heinz Erhardt

*

Wer leiht einem jungen Sänger
ein altes Lied zum Singen?
Karl Valentin

*

Billy Wilder träumt eine filmträchtige
Geschichte. Schlaftrunken macht er
Notizen zu dem grandiosen Stoff.
Am Morgen schaut er begierig auf
den Zettel.
Und was steht da?
„Junge liebt Mädchen!"

Fernsehen ist das einzige Schlafmittel, das mit den Augen eingenommen wird.

Vittorio de Sica

*

Auf dem Programm einer Laienspielbühne steht heute Abend das Stück „Othello". Am nächsten Tag steht in dem Lokalblatt des kleinen Ortes als Überschrift zu lesen: „Hauptdarsteller erwürgt Hauptdarstellerin unter begeisterter Zustimmung des ganzen Theaters."

*

Ich genieße es, berühmt zu sein-und hoffe, dass das nicht zu eingebildet klingt. Aber die Magie, die früher von einem großen Star ausging, gehört sowieso der Vergangenheit an. Ich glaube es war Andy Warhol, der einmal sagte, wir nähern uns dem Zeitalter, in dem jeder nur noch 15 Minuten lang berühmt sein wird.

Dustin Hoffmann

Das moderne Theater muss nicht danach beurteilt werden, wieweit es die Gewohnheiten des Publikums befriedigt, sondern danach, wieweit es sie verändert.

Bertolt Brecht

✼

Die Kinder einer berühmten Filmschauspielerin unterhalten sich: „Wie hat Mami eigentlich erfahren, dass sie schwanger ist?" „Es steht doch in allen Zeitungen!"

✼

Tim, mein Hund, ist der beste Schauspieler! Er spielt mir Liebe vor, wenn er gefüttert werden will.

Marlon Brando

✼

Seufzt die Schauspielerin:
„Wo ist das Bett des Filmregisseurs? Ich möchte ein Star werden!"

✼

Nicht nur im Theater ist alles Theater, auch im Film gibt es Theater, ganz zu schweigen vom Theater im Fernsehen.

Ich fand immer, man soll auf der Leinwand ein Minimum tun, um ein Maximum an Publikumswirkung zu erzielen. Ich finde, das Publikum soll mitarbeiten.

Alfred Hitchcock

*

Für mich ist Kino nicht ein Stück Leben, sondern ein Stück Kuchen.

Alfred Hitchcock

*

Was kümmern mich die hohen Cs, wenn die Töne das Gewicht von Erbsen haben.

Conrad L. Osborne

*

Vater und Sohn besuchen die Semperoper in Dresden, in der Wagners Tannhäuser gespielt wird. Beim Pilgerchor fragt der Sohn:
„Babba, warum bilchern (pilgern) die?"
„Froch nich so dumm, weils billcher is als fohrn!"

Die berühmte Filmdiva hat mal wieder geheiratet.
Diesmal allerdings keinen Schauspieler, sondern einen Arzt. Die Reporterin fragt:
„Sind Sie glücklich, Teuerste?"
„Unbeschreiblich glücklich, von jetzt an heirate ich nur noch Ärzte."

*

Ich kenne viele Theaterstücke, bei denen man schon im ersten Akt nach dem Ausgang fragt.

Wolfgang Eschker

*

Leonard Di Caprio sagte in einem Interview, dass er nur noch Sex im Kopf habe. Irgendwie toll, dass er trotz des großen Erfolges doch ein ganz normaler Mensch geblieben ist.

*

Der beste Schauspieler ist derjenige, der nichts richtig gut kann.

Alfred Hitchcock

Die Länge eines Films sollte in einem direkten Verhältnis zum Fassungsvermögen der menschlichen Blase stehen.

Alfred Hitchcock

*

Berta Drews, Heinrich Georges Ehefrau, wurde von einem Bühnenautor gefragt, ob es stimmt, dass ihr Mann den Vorsatz habe, nichts mehr zu trinken.
„Er schwankt noch", war die Antwort.

*

Ein jungverliebtes Paar geht zum ersten Mal in ein Freilufttheater. Nach dem ersten Akt muss er mal dringend austreten und fragt den Platzanweiser nach der Toilette.
„Dort oben bei der großen Buche links, dann ungefähr 30 m geradeaus und anschließend dreimal rechts!" Nach einiger Zeit kommt er zurück und fragt seine Geliebte: „Hat der zweite Akt schon begonnen?" Sie blickt ihn völlig fassungslos an und sagt: „Das müsstest du ja wohl wissen, du hast doch eben mitgespielt!"

Ein Schauspieler muss das Leben interpretieren, und um das zu können, muss er willens sein, alle Erfahrungen zu akzeptieren, die das Leben bieten kann.

Marlon Brando

*

Es gibt Abende, an denen nicht das Schauspiel, sondern das Publikum durchfällt.

Max Reinhardt

*

Wisst ihr nicht, dass der Tenor kein Wesen von dieser Welt ist? Er ist eine Welt in sich.

Hector Berlioz

*

Ich habe keine Lust zu denken...
Ich lebe sie (die Rollen).

Gérard Depardieu

*

In der Berliner Oper.
Tönt der Tenor: „Ich liebe dich, ich liebe dich, ich liebe dich!"
Belustigte Stimme aus dem Publikum:
„Dich is jut!"

In der westlichen Welt wird man oft dafür sehr gut bezahlt, dass man den Leuten etwas vormacht. Ein echter Arzt kann Leben retten – wenn ich einen Arzt spiele, kann ich das nicht. Genau betrachtet, bin ich ein Hochstapler. Kein Schauspieler hat etwas vergleichbar Wichtiges zu bieten wie ein Arzt.

Brad Pitt

*

Niemand auf der Welt
ist so wehrlos
wie ein toter Autor
gegen einen lebenden Regisseur.

Laurence Oliver

*

Protzt der reiche Hollywood-Schauspieler:
„Ich mache 6 Monate im Jahr Urlaub in der Karibik, 6 Monate in St. Moritz und 6 Monate in meiner Villa in Florida."
„Aber das sind ja 18 Monate pro Jahr", bemerkt ein neidischer Kollege.
„Da siehst du mal, was man mit Geld alles machen kann!"

Fernseh-Bauernregel:
Weil der Bauer ständig döst,
bleibt XY ungelöst.

Otto Waalkes

*

Das Gute an der Schauspielerei ist, dass sie einen immer bei der Stange hält... Nicht wie bei anderen Jobs, wo man Tag für Tag dasselbe macht.

Leonardo Di Caprio

*

Kennst du den Unterschied zwischen dem deutschen Fernsehkrimi und dem deutschen Stromnetz? Im Stromnetz ist mehr Spannung.

*

Schauspieler zu seinem Sohn am Zeugnistag:
„Na, ging alles in Ordnung?"
„Ja Papi, mein Vertrag mit der zweiten Klasse ist um ein Jahr verlängert worden."

Um meinen Beruf wird ein Rummel gemacht, den ich nicht verstehe. Jeder ist ein Schauspieler, den ganzen Tag lang tun wir nichts anderes.

Marlon Brando

*

Verkäufer: „In diesem Sessel wird das Fernsehen zum Vergnügen!"
„Wieso denn das?"
„Ganz einfach, Sie können sich mit dem Rücken zum Bildschirm drehen!"

*

Der Film
ist eine wunderbare
und gefährliche Waffe,
wenn ein freier Geist
ihn handhabt.

Louis Buñuel

Man kann erst dann wieder einen Film über Sexualität drehen, wenn ein neues Geschlechtsorgan erfunden worden ist.

Alfred Hitchcock

*

Diskussion über einen Fernsehfilm.
„Ja, bitte schön, der Herr im gelben Pullover."
„Eines muss man dem Regisseur lassen. Er hat sich genau an die Buchvorlage gehalten. Ich bin im Buch an derselben Stelle eingeschlafen wie im Film.

*

Nach einer Pantomimenvorstellung sagte der faszinierte Zuschauer: „Großartig, wenn der auch noch gesprochen hätte..."

*

Es gibt kaum etwas,
womit man soviel Theater hat
wie mit dem Theater.

Heinz Erhardt

Hollywood ist der Ort,
wo sie dir 50 000 Dollar für einen Kuss
und 50 Cent für deine Seele zahlen.

Marilyn Monroe

*

An der Theaterkasse hängt ein Schild:
„Sonderpreis! Studenten nur eine Mark."
„Kommt ein Mädchen und legt der
Kassiererin ein Zweimarkstück hin und
sagt freudestrahlend:
„Ich nehme bitte zwei!"

*

Die meisten Filme sind einfach die verlängerten Träume der Zuschauer.

Marlon Brando

*

Sagt der Schauspieler:
„Ich spiele morgen abend in einem
Fernsehfilm die Hauptrolle."
„Vielen Dank für die freundliche
Warnung!"

Noch nicht berühmt, wird Curt Goetz vom Berliner Lessingtheater die Rolle des Napoleon in dem Stück „Madame sans Gêne" mit einer Monatsgage von 2.000 Mark angeboten. Das Antworttelegramm lautete: „Akzeptiere mit 3000, Goetz-sonst von Berlichingen."

*

In der Schauspielschule war ich lange der Hahn im Korb: der einzige männliche Schauspielschüler. Alle Mädchen, darunter auch die junge Conny Froboess, hatten mich als Partner, ob sie wollten oder nicht.

Harald Juhnke

*

Hollywood ist schon in Ordnung. Nur die Filme sind halt schlecht.

Orson Welles

*

Der Schauspieler kann sich in einem gewissen Maß selbst in Szene setzen, den Tod kann er verschieden spielen, er muss sich nur selbst in Szene setzen, um entsprechend zu überzeugen.

Gérard Depardieu

Seit man nicht mehr in die Kirche geht, ist das Theater der einzige öffentliche Gottesdienst, sowie die Literatur die Privatandacht.

Franz Grillparzer

*

„Ich habe mir gestern mit meinem Freund den ‚Ring des Nibelungen' angesehen", sagt Babsi zu ihrer Freundin.
„Na und – wird er ihn dir kaufen?"

*

Die Hollywood-Pest heißt:
Einsamkeit mit Hunden und geistvollen Flaschen.

Gloria Swanson

*

An der Theaterkasse.
„Sagen Sie mal, mein Herr, Sie holen schon zum fünften Mal eine Eintrittskarte. Was soll das eigentlich?" „Ja, also, der Mann am Eingang zerreißt sie mir dauernd."

Lilo Pulver, berühmt durch Filme wie
„Ich denke oft an Piroschka", „Helden",
„Zürcher Verlobung" oder „Das Wirtshaus
im Spessart", berühmt durch ihr typisches
Lachen, stellte eines Tages lachend fest:
„Ehe man so über Nacht berühmt wird,
das dauert eine verdammt lange Zeit."

*

„Gestern habe ich im Kino endlich mal
einen realistischen Film gesehen",
sagt Fred zu seiner Freundin.
„Wieso?"
„Der Held fand keinen Parkplatz!"

*

Die Emanzipation ist erst dann vollendet,
wenn gelegentlich auch eine total unfähige
Frau in eine verantwortliche Position auf-
rücken kann.

Heidi Kabel

Junge Damen erkennt man heute daran,
dass sie Worte gebrauchen,
die man früher in ihrer Gesellschaft
vermieden hätte.

Johannes Heesters

*

Bühnenbildner wären glücklicher, wenn
nicht dauernd irgendwelche Schauspieler
vor ihren Kunstwerken herumstünden.

Rolf von Sydow

*

Ich hasse Fernsehen. Ich hasse es so sehr
wie Erdnüsse. Aber ich kann es nicht lassen, Erdnüsse zu essen.

Orson Welles

*

„Sie bringen zuviel Sport im Fernsehen",
schrieb die kesse Sybille an den
Programmdirektor, „schließlich sind wir
jung verheiratet."

Die Leute, überall, in Amerika, in jedem Land der Erde, sagen immer: „Ach, Sie sind ja viel netter im Leben als im Film!" Das wissen die natürlich gar nicht, weil das ja auch nicht stimmt – denn ich bin viel schlimmer im Leben als im Film...

Klaus Kinski

*

Ich glaube, man kann eigentlich alles spielen, wenn man will.
Aber das Publikum wird nicht alles mitmachen. Ich könnte niemals Tootsie spielen. Ich bin doch viel zu groß für Kleid und Stöckelschuhe.

Arnold Schwarzenegger

*

„Hannes, hast du schon gehört, dass Gerd einem Opernchor beigetreten ist."
„Ja wirklich, als aktives oder als passives Mitglied?"
„Als Ausrede!"

Ich nehme lieber einen echten Kellner als einen Schauspieler, der in der Rolle eines Kellners gleich den Hamlet spielen will.

Ulrich Schamoni

*

Ein Schauspieler geht ins Bordell. Als er seine Hose auszieht, ist das Mädchen ganz entzückt und lässt einen anerkennenden Pfiff los. Der Schauspieler daraufhin mit voller Inbrunst:
„Begraben woll'n wir Cäsar, nicht preisen."

*

Je tragbarer unsere Fernsehgeräte werden, desto untragbarer die Programme.

Markus M. Ronner

*

Was sind schon Filme – nichts als zwei Stunden lang Popcorn.

Anthony Hopkins

Wer ein Theater füllen will, bedient sich der Dramaturgie. Um es zu leeren, genügt Ideologie.

Oliver Hassencamp

∗

Sagt die Schauspielerin zu ihrem Produzenten: „Nach meinem Riesenerfolg im letzten Film erwarte ich für den nächsten Film aber eine höhere Gage."
„Und was erwarten Sie sonst noch von mir?", fragt der Produzent.
„Ja, ein Kind!"

∗

Fernsehen: durch die Augen direkt in den Bauch – unter Auslassung des Kopfes.

Günter Gaus

∗

Begrüßt der Laubfrosch den Fernsehmeteorologen: „Na, Münchhausen...!"

Man hat Theater, die erfreuen sich fiskalischer Unterstützung – man hat aber auch Theater, die erfreuen das Publikum.

Heinz Erhardt

*

Theaterstücke haben einen zeitlich begrenzten Nutzen wie Regenschirme oder Zahnbürsten. Wenn sie ausgedient haben, gehören sie in die Mülltonne.

Peter Handke

*

Nicht spielen. Rauchst du eine Zigarette, rauche sie. Spiele nicht, eine Zigarette zu rauchen.

James Dean

*

Intendant zum Programmdirektor:
„Wie finden Sie die neue Fernsehansagerin?"
„Nun, sie ist ein vielversprechendes Talent."

Trotz aller Bemühen eurer Bühnenberater fehlen noch drei Dinge zum deutschen Theater. Danach seht euch zum Schluss noch um: Schauspieler, Dichter und Publikum.

Franz Grillparzer

*

Sagt der arrogante Schauspieler zum Regisseur:
„Also, das muss schon echt wirken, ich werde auf gar keinen Fall Wasser trinken. Da muss schon Sekt her!"
Darauf der Regisseur: „Gut, gut, könn'n S' haben. Da müss'n S' aber auch damit rechnen, dass S' im nächsten Akt tatsächlich erschossen werden."

*

Man soll den Tag
nicht vor dem Fernsehabend loben.

Gerhard Uhlenbruck

*

„Kennen Sie Goethes Faust?"
„Ach, geboxt hat der auch?"

Wenn man im Leben scheitert, kann das gefährlich sein. Wenn man in der Kunst scheitert, ist das peinlich.

Woody Allen

*

Zuviel Erfolg kann einen genauso ruinieren wie zuviel Misserfolg.

Marlon Brando

*

Ein Starlett ist ein hübsches Mädchen, das vielleicht eines Tages ein Star wird, ohne jemals eine Schauspielerin gewesen zu sein.

Vivien Leigh

*

Im Theater wird ein Zuschauer durch die Unterhaltung in der Reihe hinter ihm gestört. „Verzeihung, aber man versteht kein Wort!"
„Das wäre ja auch noch schöner! Was ich meiner Freundin erzähle, geht Sie schließlich nichts an!"

Die Schauspielerei ist mir nicht in die Wiege gelegt worden. Ich war oft verkrampft. Erst vor kurzem habe ich begriffen, dass die Kamera keine Maschinenpistole ist.

Michael Douglas

*

Begeistert berichtet der Theaterregisseur nach der Premiere seinen Gästen:
„Als der Vorhang fiel, ertönte im Saal stürmischer Applaus."
Darauf ein Gast: „Und was stand auf dem Vorhang?"

*

To Bean or not to Bean?

*

Hauptsächlich die Filmproduzenten, die ja immer auf der Jagd nach jungen Talenten sind, – besonders des weiblichen Geschlechts – eilten in rauhen Massen herbei, um den Maßen der Künstlerinnen nachzuspüren.

Heinz Erhardt

Ich liebe die Musik Verdis, aber meine Stimme liebt die Rollen Donizettis.

Luciano Pavarotti

*

Regisseur Geza von Cziffra, der seine Karriere als Drehbuchautor begann, wurde von einem Kollegen gefragt, wie er trotz mangelhaftem Deutsch Erfolg haben konnte.
„Aber bittaschön, is doch gonz einfoch", bekam er als Antwort. „Ich hob Idee und für „die, der, das, mir, mich, ihnen", da hob ich Sekretärin."

*

Das Provinztheater hat einen neuen Heldentenor. Seine Stimme ist alles andere als schön, dennoch jubelt das Publikum und fordert eine Zugabe nach der anderen. Der Sänger ist schon völlig heiser und krächzt nur noch, trotzdem gibt es stürmischen Beifall. Da fragt ein erstaunter Opernbesucher seinen unermüdlich applaudierenden Nachbarn: „Finden Sie den Tenor wirklich so toll?" Darauf der Mann: „Nein, überhaupt nicht. Aber heute machen wir ihn richtig fertig!"

Das Publikum soll streng sein, soll pfeifen, aber sein Beifall soll mich zu nichts verpflichten.

Giuseppe Verdi

*

Tänzerinnen haben die Sexualität in den Beinen, Tenöre im Kehlkopf.
Darum täuschen sich Frauen in den Tenören und die Männer in den Tänzerinnen.

Karl Kraus

*

Sagt die Blondine zu ihrem Tanzpartner:
„Wo haben Sie denn das Tanzen gelernt?"
„Im Fernsehen."
„Das merkt man", antwortet sie,
„Sie tanzen alle Störungen mit."

*

Es sind nicht die Kinderstars, die später Probleme haben, sondern die Kinder der Stars.

Jodie Foster

Der Regisseur Erich Engel rügte bei Filmaufnahmen seinen Hauptdarsteller: „Sie sollen nicht gedankenlos spielen, Sie sollen immer denken, denken." Mit einem verschmitzten Lächeln entgegnete Heinz Rühmann: „Wenn Sie wüssten, was ich mir schon die ganze Zeit denke, hätten Sie mir längst in die Fresse gehauen!"

*

Ich bin eine leere Leinwand.
Der Regisseur arbeitet auf mir...
Wenn ich nicht spiele, langweile ich mich.
Ich habe keine großen Interessen.
Ich gehe nicht gerne ins Kino oder ins Theater. Ich lese wenig. Von Konzerten wollen wir erst gar nicht reden.

Marcello Mastroianni

*

Sagt ein junger Mann zu seinem Mädchen vor der Kinokasse: „Nehmen wir Loge oder sehen wir uns den Film an?"

Fernsehen ist die Rache des Theaters an der Filmindustrie.

Peter Ustinov

*

Schließlich erreicht jeder Mensch jedes Ziel. Er muss es nur genügend weit zurückstecken

Hans Söhnker

*

Auf einer Tournee überzeugte Helen Vita eine junge Kollegin mit folgendem Spruch: „Wenn eine Frau einen Mann auf Herz und Nieren prüft, fängt sie meist etwas tiefer an."

*

Der Name des Schauspielers „Juhnke" wurde von einer Boulevardzeitung einmal so buchstabiert:

J	wie	Jever
U	wie	Underberg
H	wie	Henkel
N	wie	Napoleon
K	wie	Korn
E	wie	Edelzwicker

Ich bin ein großer Derrick-Fan und bin oft zusammengezuckt und habe gesagt: "Huch, die Leiche hat sich bewegt!" Aber es war dann doch nur Derrick.

Harald Schmidt

*

Ein berühmter Sänger wollte nun endlich auch einmal heiraten. Er hatte allerdings eine schwere Entscheidung zu treffen: sollte er die bildhübsche unterbelichtete Conny oder die potthäßliche Sängerin Siglinde mit der begnadeten Stimme nehmen? Die Kunst siegte. Er heiratete die Sängerin. Als der frischgebackene Ehemann nach der Hochzeitsnacht auf seine Frau sah, erschrak er und rief entsetzt: "Sing, Siglinde – um Himmels willen – sing!"

*

Die schon recht betagte Adele Sandrock war bei einer Taufe zu Gast. Als die Windeln des Täuflings gewechselt wurden, kam sie dazu, schaute durch ihr Lorgnon und murmelte:
"Ah... ein Knäblein... wenn mich meine Erinnerung nicht trügt!"

Die Karriere ist ein Pferd, das bisweilen auch gute Reiter abwirft.

James Baldwin

*

Die Männer würden mehr gestehen, wenn ihnen bekannt wäre, wieviel die Frauen schon wissen.

Peter Frankenfeld

*

Es ist leichter, den Mund zu halten als ein Versprechen.

Gustav Knuth

*

Lebenskunst ist zu 90 Prozent die Fähigkeit, mit Menschen auszukommen, die man nicht mag.

Samuel Goldwyn

*

Man soll die Kritiker nicht für Mörder halten, sie stellen ja nur den Totenschein aus.

Marcel Reich-Ranicki

Italienisch ist eine Gebärdensprache, deren Verständnis durch Worte erschwert wird.

Anthony Quinn

*

Zu dem bekannten Schauspieler Sacha Guitry eilte einmal eine Bewunderin mit den Worten:
„Verehrter Meister, Sie haben sich wieder einmal selbst übertroffen!"
„Meine Liebe", antwortete Guitry darauf, „könnte es sich denn lohnen, irgend jemand sonst zu übertreffen?"

*

Pessimisten sind Leute, die nur ein einziges Instrument blasen: Trübsal.

Wim Thoelke

*

Wer ein schlechtes Gedächtnis hat, erlebt viele Premieren.

Axel von Ambesser

Zum Schluss noch ein paar Versprechen –
... äh, Versprecher:

Absolut grandios die Stimme von
Placebo Domingo. (Placido)

*

Das ausdrucksvolle Legospiel der Streicher
begeisterte alle Zuschauer in der Philharmonie. (Legatospiel)

*

Der indisponierte Sänger versuchte es
geradezu mit der Sprechstange.
(Brechstange)

*

Die Leute stürmten ins Theater, um den
läppischen Dirigenten zu hören und zu
sehen. (lettischen)

*

Sie hörten unter dem Klavier des Dirigenten Karajan das berühmte C-Dur Klavierkonzert von Mozart. (unter der Leitung)

Hätte ich Tränen dabeigehabt,

ich hätte dieselben

bei der Lektüre

vor Lachen geweint.

Karl Valentin

WEITERES ZUR FRÖHLICHEN UNTERHALTUNG

MONIKA UND H.-GÜNTER HEUMANN

Musikerwitze zum Weiterposaunen

Die Frau des Tenors beklagt sich: "Der Pianist küsst seine Frau vor jedem Auftritt. Warum tust du das nicht?" Sagt der Tenor: "Ich kenne die Frau des Pianisten ja kaum."

Sitzen zwei Musikstudenten am Klavier und spielen vierhändig. Sagt der eine: "Ich spiel' Brahms – und du?"

Ein Musiker kommt zum Arzt. "Herr Doktor, ich habe ständig eine furchtbare Sopranstimme im Ohr!" "Einfach nicht hinhören!"

"Mutti, wie schreibt man Xylophon?" "Das schreibt man nicht, das spielt man!"

Nr. 59 (ISBN 3-920103-02-05)

Musikzitate zum (Ton) angeben

"Rücksicht auf den Hörer – die kenne ich so wenig, wie er die Rücksicht auf mich kennt." Arnold Schönberg

"Jedes Theater ist ein Irrenhaus, aber die Oper ist die Abteilung für Unheilbare." Franz von Dingelstedt

"Sinn für die Musik habe ich eigentlich immer nur bei Bankiers gefunden; höchst selten bei Künstlern, die lieber über Geld reden." Jean Sibelius

"Wenn man nach islamischem Recht Dieben die Hand abschlagen würde, gäbe es unter den Komponisten viele Einarmige." Leonard Bernstein

Nr. 62 (ISBN 3-920103-03-3)

Musikertratsch mit und ohne Takt(-gefühl)

Frédéric Chopin über Franz Liszt: *Ich wünschte, ich könnte ihm die Art stehlen, mit der er meine Etüden spielt.*

Thomas Mann über Richard Wagner: *...dieser schnupfende Gnom aus Sachsen mit dem Bombentalent und dem schäbigen Charakter.*

Fred Astaire über Michael Jackson: *Wenn ich heute anfinge zu tanzen, würde ich tanzen wie Michael Jackson.*

Bruno Walter über Herbert v. Karajan: *Ein seltsamer Mann...*

Luigi Dallpiccola über Antonio Vivaldi: *Vivaldi schrieb keine 450 Concerti, er schrieb ein Concerto 450 Mal.*

Nr. 66 (ISBN 3-920103-05-X)